GOUVERNEMENT GÉNÉRAL DE L'INDOCHINE

DIRECTION DE L'INSTRUCTION PUBLIQUE

# ARRÊTÉ

### portant réorganisation de l'Ecole des Travaux publics.

### (2 avril 1925)

HANOI

1925

GOUVERNEMENT GÉNÉRAL DE L'INDOCHINE

DIRECTION DE L'INSTRUCTION PUBLIQUE

# ARRÊTÉ

## portant réorganisation de l'Ecole des Travaux publics.

### (2 avril 1925)

HANOI

—

1925

6575

Le Gouverneur général de l'Indochine, Grand Officier de la Légion d'honneur,

Vu les décrets du 20 octobre 1911, portant fixation des pouvoirs du Gouverneur général et organisation financière et administrative de l'Indochine ;

Vu le règlement général de l'Enseignement supérieur du 25 décembre 1918, modifié par l'arrêté du 9 novembre 1921 et les arrêtés subséquents ;

Sur la proposition du Directeur de l'Instruction publique en Indochine, et l'avis conforme de l'Inspecteur général des Travaux publics,

ARRÊTE :

Article premier. — Les articles 110 à 138 inclus constituant le chapitre VI (page 152 à 172) du livre II du Règlement général de l'Enseignement supérieur (2ᵉ édition 1921) — École des Travaux publics — sont et demeurent abrogés.

## I. — ORGANISATION

Art. 2. — L'Ecole des Travaux publics a pour mission de former des agents techniques indigènes pour le service des Travaux publics, le service du Cadastre et le Service géographique.

Art. 3. — Un conseil de perfectionnement étudie toutes les questions relatives aux modifications à apporter aux programmes et au fonctionnement de l'école. Il est composé comme suit :

Le Directeur de l'Instruction publique. . . *président;*
Un délégué de l'Inspecteur général des T. P.
Le Directeur de l'Ecole. . . . . . . . .
Le Chef du service du Cadastre au Tonkin. . *membres.*
Le Chef du Service géographique. . . . .
Deux professeurs de l'Ecole à la désignation du
Directeur de l'Instruction publique. . .

Ce conseil se réunit obligatoirement une fois par an de préférence après les sessions des examens de passage et de sortie.

Art. 4. — Des assistants, choisis parmi les agents techniques détachés de leur cadre d'origine, sur la proposition du Directeur de l'Instruction publique, sont chargés de la surveillance des études et des opérations de topographie.

Art. 5. — L'entretien et la réparation des instruments mis à la disposition des élèves sont assurés par un agent européen spécialisé désigné par le Directeur de l'Instruction publique sur la proposition du Directeur de l'Ecole. Il est alloué à cet agent, à titre de supplément de fonctions, une indemnité mensuelle de dix piastres.

Art. 6. — L'enseignement donné à l'Ecole des Travaux publics comprend trois années d'études.

## II — ADMISSION DES ÉLÈVES

Art. 7. — Le nombre des élèves à admettre chaque année est fixé par le Gouverneur général, sur la proposition du Directeur de l'Instruction publique, après avis de l'Inspecteur général des Travaux publics, des Chefs d'Administration locale pour le service du Cadastre et du Chef du Service géographique.

Art. 8. — Les élèves de l'Ecole des Travaux publics sont recrutés:

1o — parmi les candidats possédant un des diplômes prévus à l'art. 3 de l'arrêté du 18 septembre 1924 concernant le recrutement des élèves de l'Université ;

2o — parmi les candidats ne remplissant pas cette condition et admis à un concours d'admission annuel.

En cas d'insuffisance des candidats de la première catégorie, le nombre des admissions par concours peut atteindre les deux tiers du nombre total des admissions prévu.

Art. 9. — Les candidats pourvus du baccalauréat de l'Enseignement secondaire franco-indigène ou de la 1re partie du baccalauréat métropolitain (séries C et D) sont dispensés de la première année d'études et débutent en 2e année.

## III — CONCOURS D'ENTRÉE

Art. 10. — Les candidats au concours d'entrée à l'Ecole des Travaux publics adressent une demande d'inscription dans les conditions fixées par les articles 2 et 7 de l'arrêté du 18 septembre 1924.

Art. 11. — Le concours d'entrée est annuel. Il a lieu simultanément à Hanoi, Saigon, Hué et Phnom-penh dans la deuxième quinzaine du mois d'août.

Art. 12. — Dans chaque centre, sauf à Hanoi, la Commission de concours est présidée par le chef de la Circonscription territoriale des Travaux publics et comprend quatre membres, un ingénieur ou un ingénieur-adjoint des Travaux publics, un vérificateur ou un géomètre principal du Cadastre et deux professeurs de l'Enseignement secondaire, l'un pour les lettres et l'autre pour les sciences.

Cette commission assure l'exécution des compositions écrites, procède aux épreuves orales et adresse les compositions écrites et les résultats des épreuves orales au Directeur de l'Instruction publique.

Art. 13. — Une commission centrale de concours est constituée à Hanoi. Elle est présidée par le Directeur de l'Ecole et comprend six membres ;

2 ingénieurs chargés de cours à l'Ecole ;
1 vérificateur ou un géomètre principal, chargé de cours à l'école ;
1 professeur de l'Enseignement secondaire des lettres ;
2 professeurs de l'Enseignement secondaire des sciences.

Elle est chargée :

1o — d'assurer la surveillance et la notation des compositions écrites des candidats du centre de Hanoi ;

2o — de procéder aux épreuves orales de ces candidats ;

3o — de noter les compositions écrites des candidats des quatre centres d'examen ;

4o — de procéder au classement général de tous les candidats.

Art. 14. — Les épreuves du concours sont écrites et orales.

Les épreuves écrites comprennent :

1o — Une page d'écriture comportant deux lignes de ronde variée, une ligne de bâtarde, deux lignes de grosse cursive et six lignes d'écriture courante ;

2o — Une composition française (lettre, ou récit d'un genre simple ; explication d'un proverbe ou d'une maxime) ;
Il est tenu rigoureusement compte de l'orthographe.

3o — Deux problèmes d'arithmétique pouvant comporter application des surfaces et volumes géométriques ;

4o — Deux problèmes d'algèbre pouvant comporter application des propriétés des figures géométriques ;

5o — Un dessin graphique au trait et au lavis ;

6o — Un croquis coté d'objet usuel à lignes simples (banc, table, panneau de menuiserie, etc...).

Le programme de ces épreuves est celui de l'Enseignement primaire supérieur franco-indigène.

La notation se fait de zéro à vingt.

Le temps accordé pour chaque épreuve et le coefficient d'appréciation attribué à chacune d'elles sont fixés d'après le tableau suivant :

| ÉPREUVES ÉCRITES | | | ÉPREUVES ORALES | |
| --- | --- | --- | --- | --- |
| Matières | Durée | Coefficient | Matières | Coefficient |
| Ecriture | 1/2 h. | 2 | Langue française { Lecture et prononciation | 1 } 3 |
| Composition française | 3 h. | 4 | Langue française { Explication et conversation | 2 } 3 |
| Arithmétique | 2 | 2 | | |
| Algèbre | 2 | 2 | | |
| Dessin graphique | 3 | 3 | Arithmétique | 1 |
| Croquis coté | 1 | 1 | Algèbre | 1 |
| | | | Géométrie | 3 |
| Total | » | 14 | Total | 8 |

Art. 15. — Les candidats doivent obtenir la note moyenne 10 pour l'ensemble des épreuves écrites. Chaque commission de concours décide s'il y a lieu de procéder aux interrogations orales avant que ne lui parvienne le résultat des épreuves écrites. Cette faculté n'enlève pas son caractère éliminatoire à l'examen écrit.

Les candidats ne peuvent être classés que s'ils ont obtenu la note moyenne 10 pour l'ensemble des épreuves écrites et orales.

## IV. — ENSEIGNEMENT A L'ÉCOLE

Art. 16. — L'enseignement est distribué, en ce qui concerne le français, les mathématiques pures et les sciences physiques par les professeurs de l'Enseignement supérieur et pour les matières techniques par des professeurs détachés et des chargés de cours choisis parmi les fonctionnaires qualifiés des divers services des Travaux publics du Cadastre ou du Service géographique.

Art. 17. — L'enseignement comporte en 1re année des études théoriques, en 2e année des compléments de mathématiques et des notions techniques, en 3e année l'enseignement technique proprement dit et l'étude des spécialités.

Le programme des matières enseignées est annexé au présent arrêté.

Art. 18. — Répartition hebdomadaire des cours et exercices pratiques.

| MATIÈRES ENSEIGNÉES | COURS | | EXERCICES PRATIQUES | | OBSERVATIONS |
|---|---|---|---|---|---|
| | par an | par sem. | par an | par sem. | |
| **1re année.** | | | | | |
| Français. | 135 | 4 h. 1/2 | | | (1) d'oct. à fin février. |
| Logique | 20 | 1 (1) | | | |
| Algèbre | 90 | 3 | | | |
| Géométrie | 90 | 3 | | | |
| Trigonométrie. | 20 | 1 1/2 (2) | | | (2) à partir du 1er février. |
| Physique | 45 | 1 1/2 | | | |
| Chimie | 30 | 1 | | | |
| Cosmographie | 15 | 1 (3) | | | (3) chaque deux semaines. |
| Géologie | 15 | 1 (3) | | | |
| Dessin pratique. | | | 45h. | 1h.1/2 | |
| Hygiène. | 30 | 1 | | | |
| Manipulations de physique et chimie. | | | 60 | 2 | |
| **2e année.** | | | | | |
| Français. | 45 | 1 1/2 | | | |
| Mathématiques. | 45 | 1 1/2 | | | |
| Mécanique | 45 | 1 1/2 | | | |
| Géométrie descriptive et cotée. | 90 | 3 | | | |
| Dessin théorique | 30 | 1 | | | |
| Croquis. | | | 30 | 1 | |
| Dessin pratique. | | | 45 | 1 1/2 | |
| Cubature et métré Travaux publics | 45 | 1 1/2 | | | (1) d'oct. à fin février |
| Pratique des travaux | 25 | 1 1/2 (1) | | | |
| Notions routes et ponts | 45 | 1 1/2 | | | |
| Notions Bâtiments civils.. | 25 | 1 1/2 (2) | | | (2) à partir du 1er février. |
| Topographie générale. | 45 | 1 1/2 | | | |
| Langues asiatiques | 20 | 1 (1) | | | |
| Opération de topographie. | | | 90 | 3 | |
| Visite chantiers et ateliers | | | 30 | 1 | |
| **3e année.** | | | | | |
| Français. | 45 h. | 1h.1/2 | | | (1) chaque deux semaines. |
| Morale | 20 | 1 (2) | | | |
| Mathématiques. | 45 | 1 1/2 | | | |
| Dessin pratique | | | 90h. | 3h. | (2) — d'oct. à fin février. |
| Métré Travaux publics | 25 | 1 1/2 (1) | | | |
| Métré Bâtiments civils. | 20 | 1 1/2 (1) | | | |
| Notions Travaux publics | 90 | 3 | | | |
| Notions Bâtiments civils. | 30 | 1 | | | |
| Notions Cadastre. | 30 | 1 | | | |
| Notions Service géographique. | 30 | 1 | | | |
| Topographie Travaux publics | 45 | 1 1/2 | | | |
| Topographie Cadastre | 25 | 1 1/2 (1) | | | |
| Topographie Service géographique | 25 | 1 1/2 (1) | | | |
| Langues asiatiques. | 20 | 1 (2) | | | |
| Opérations de topographie | | | 180h. | 6h. | |
| Visite de chantiers et ateliers | | | 30 | 1 | |

## V. — EXAMENS

Art. 19. — A la fin de chaque année scolaire, les élèves subissent un examen dont le programme est ainsi fixé :

*1er Examen* (Passage de la 1re à la 2e année).

| ÉPREUVES ÉCRITES | | | INTERROGATIONS ORALES | |
|---|---|---|---|---|
| Matières | Durée | Coefficient | Matières | Coefficient |
| Composition française . . | 3 h. | 3 | Langue française . . . | 3 |
| Géométrie. . . . . . | 2 | 2 | Géométrie. . . . . . | 2 |
| Physique. . . . . . | 2 | 2 | Trigonométrie et algèbre. | 2 |
| Trigonométrie et algèbre. | 2 | 2 | Physique et chimie. . . | 2 |
| Dessin. . . . . . . | 4 | 2 | Cosmographie . . . . | 1 |
| | | | Géologie. . . . . . | 1 |
| Total. . . . . . | » | 11 | Total . . . . | 11 |

Toutes les notations se font de zéro à vingt.

Les élèves ayant obtenu une moyenne générale de 12 points sont admis à continuer leurs études en 2e année. Ceux qui ont échoué à la session de juin et ont obtenu néanmoins une note moyenne au moins égale à 8 ont la faculté de se représenter à une 2e session qui a lieu en septembre.

*2e Examen* (Passage de la 2e à la 3e année).

| ÉPREUVES ÉCRITES | | | INTERROGATIONS ORALES | |
|---|---|---|---|---|
| Matières | Durée | Coefficient | Matières | Coefficient |
| Composition française . . | 3 | 4 | Langue française . . . | 2 |
| Géométrie, algèbre, mécanique . . . . . . | 4 | 3 | Mathématiques . . . . | 2 |
| Trigonométrie (calcul). . | 1 | 1 | Géométrie descriptive ou cotée . . . . . . | 2 |
| Géométrie descriptive ou cotée (épure). . . . | 3 | 2 | Pratique des travaux . . | 2 |
| Croquis . . . . . . | 1 | 1 | Notions routes et ponts. . | 2 |
| Dessin. . . . . . . | 4 | 3 | Notions bâtiments civils. . | 1 |
| Cubature . . . . . . | 3 | 2 | Topographie. . . . . | 2 |
| Total. . . . . | » | 16 | Total. . . . . | 13 |

Les élèves doivent obtenir une note moyenne générale de 10 points sur 20 pour être admis en 3e année.

Il n'y a pas de 2e session.

### 3ᵉ *Examen* (Fin des études).

| ÉPREUVES ÉCRITES | | | INTERROGATIONS ORALES | |
| --- | --- | --- | --- | --- |
| Matières | Durée | Coefficient | Matières | Coefficient |
| Rapport . . . . . . | 3h. | 4 | Revision de mathématiques. | 1 |
| Composition française sur | | | Notions Travaux publics . | 2 |
| un sujet de logique ou | | | Notions Bâtiments civils. . | 1 |
| de morale. . . . . | 2 | 2 | Notions Cadastre. . . . | 1 |
| Epure (projet) . . . . | 3 | 2 | Notions Service géographi- | |
| Dessin . . . . . . | 4 | 2 | que. . . . . . . | 1 |
| Métré. . . . . . . | 7 | 3 | Topographie T. P. . . | 2 |
| Levé de plan. . . . . | 3 | 2 | Topographie Cadastre. . | 1 |
| Nivellement . . . . . | 3 | 2 | Topographie S. G. . . | 1 |
| Levé tachéométrique. . | 4 | 2 | Langues asiatiques. . . | 1 |
| Total. . . . . | » | 19 | Total. . . . . | 11 |

**Art. 20.** — Le classement des élèves sortants est établi d'après l'ensemble des notes obtenues aux 2ᵉ et 3ᵉ examens de fin d'année prévus au précédent article.

**Art. 21.** — Les élèves ayant obtenu une moyenne générale de 12 points reçoivent le diplôme supérieur de l'Université avec mention : « Ecole des Travaux publics » signé par le Gouverneur général et contre-signé par le Directeur de l'Instruction publique et le Directeur de l'Ecole.

Leur nomination dans les services auxquels leur diplôme leur donne accès et leur affectation dans les divers pays de l'Union sont prononcées, autant que possible, suivant leur option, et compte tenu de leur classement à la sortie de l'Ecole.

### VI. — MESURES TRANSITOIRES

**Art. 22.** — Les élèves admis à l'Ecole à la rentrée scolaire de 1924 restent régis en ce qui concerne la durée des études, l'enseignement et les modalités de l'examen final par le réglement du 9 novembre 1921.

Ceux qui auront échoué à cet examen de sortie pourront être autorisés, sur l'avis du conseil des professeurs, à poursuivre leurs études sous le nouveau régime. Ils seront dans ce cas admis en 2ᵉ année.

**Art. 23.** — Le Directeur de l'Instruction publique est chargé de l'exécution du présent arrêté qui entrera en vigueur à l'issue de la présente année scolaire.

Hanoi, le 2 avril 1925.

M. MERLIN.

## PROGRAMME D'ENSEIGNEMMENT DE L'ÉCOLE
## DES TRAVAUX PUBLICS

### 1<sup>re</sup> année.

#### *Langue française* (135 heures).

Le professeur s'inspirera du programme de l'enseignement primaire supérieur franco-indigène (4e année).

#### *Logique* (20 heures).

Programme de logique de l'Enseignement secondaire franco-indigène (2e année).

#### *Algèbre* (90 heures).

Programme de l'Enseignement secondaire franco-indigène (1re et 2e années).

#### *Géométrie* (90 heures).

Programme de l'enseignement secondaire franco-indigène (1re et 2e années).

#### *Trigonométrie* (20 heures).

Arcs et angles ; unités de mesure. Lignes trigonométriques, variations.

Relation entre les lignes de 2 arcs dont la somme ou la différence est un multiple de $\pi$ Relation entre les lignes.

Addition, multiplication des arcs. Formules de transformation.

Triangles rectangles ; 4 cas de résolution.

Triangles quelconques. Relation entre les côtés et les lignes trigonométriques. Rayon du cercle circonscrit et du cercle inscrit.

Surface, 4 cas de résolution.

#### *Physique* (45 heures).

*Mesure des longueurs* : vernier ; palmer ; sphéromètre. Erreur absolue ; erreur relative ; moyenne.

*Hydrostatique.* — Pression dans les liquides. Niveau d'eau. Principe d'Archimède, Corps flottants. Aréomètres. Balance de Mohr.

*Statique des gaz.* — Compressibilité des gaz. Manomètres. Pompes à gaz liquides, siphon.

*Chaleur.* — Dilatation des solides. Changement d'état ; fusion ; vaporisation.
Principe des moteurs thermiques.

*Optique.* — Réflexion ; miroirs. Réfraction : lame parallèle ; prisme ; lentilles. Notions sur l'œil et la vision.
Loupe, microscopes et lunettes de visée. Photographie.

*Electricité.* — Aimants ; champ terrestre ; déclinaison ; inclinaison.
Courant électrique, propriétés, loi de Joule, loi d'Ohm. Courants dérivés.
Electrolyse. Accumulateurs. Piles.
Champ d'un courant : solenoïde.
Electromagnétisme. Action d'un champ magnétique sur un courant.
Galvanométrie. Ampèremètre. Voltmètre.
Electroaimant et ses applications.
Induction (expériences fondamentales). Machine dynamo. Série, type Gramme : réceptrice, génératrice.

### *Chimie* (30 heures).

Corps simples et composés — Mélanges et combinaisons — Analyse et synthèse.
Lois générales de la chimie.

*Métalloïdes* — Hydrogène, oxygène, combustion.
Eau — Eaux naturelles — analyse des eaux.
Chlore — acide chlorhydrique — chlorures.
Acides — bases — sels — réactifs.
Soufre — acide sulfurique — sulfures — sulfates.
Azote — ammoniaque — sels ammoniacaux — acide azotique.
Air.
Carbone — combustibles solides — Carbures — pétroles.
Calcaire — chaux et ciments.
Silice, silicates, verres.

*Métaux* — Propriétés physiques et mécaniques des métaux.
Principaux minerais métalliques — minerais indochinois.
Principaux genres de traitement.
Fonte, fer, acier.

Zinc, cuivre, plomb, étain — Principaux oxydes et sels de ces métaux.

Aluminium — argiles — poterie.

*Notions sur les explosifs.*

### *Manipulations de physique et chimie* (60 heures).

*Physique.* — Mesure de longueur : verniers, pieds à coulisse — palmer graphomètre, omnimètre morin — niveaux.

Mesure des angles — miroir tournant — équerre coutureau télémètre.

Loupe — Lunettes de visée — Microscope.

Mesure des densités : balance de Mohr.

Mesure d'une quantité de chaleur.

Loi de Joule — Loi d'Ohm. Electrolyse et polarisation.

*Chimie.* — Caractères des principaux sels :

Chlorure — sulfures — sulfates — azotates — carbonates — silicates — phosphates    Propriétés caractéristiques des métaux et de leurs sels. Fer — cuivre — zinc — plomb — étain — antimoine — aluminium.

### *Cosmographie* (15 heures).

Programme de l'enseignement secondaire franco-indigène (2e année).

### *Géologie* (15 heures).

Forme et structure de la terre. — Diverses roches : Roches éruptives et roches sédimentaires.

Actions internes et externes.

Périodes géologiques. Stratification et fossiles. Terrains primitifs, primaires, secondaires, tertiaires, quaternaires.

Esquisse sur la formation du sol de l'Indochine. Gisements métalliques.

Applications de la géologie à la connaissance des terrains et des couches aquifères.

### *Dessin* (45 heures).

1o — *Théorie* — Matériel du dessinateur. Exécution du dessin. Echelles usuelles, mode de représentation des objets par plans, élévations et coupes.

Trait ; teintes ; hachures. Ecritures. Agrandissements et reproduction.

**2⁰ — *Pratique*. —** Représentation au trait et au lavis, d'objets usuels d'après un modèle ou d'après nature ; copies.

## 2ᵉ année.

### *Langue française* (45 heures).

Le professeur s'inspirera du programme de l'Enseignement secondaire franco-indigène (1ʳᵉ année).

### *Mathématiques* (45 heures).

1⁰ — *Géométrie*. — Revision du cours de 1ʳᵉ année — Etude géométrique de l'ellipse, l'hyperbole et la parabole.

2⁰ — *Trigonométrie*. — Revision du cours de 1ʳᵉ année — Calculs logarithmiques et trigonométriques avec les tables et la règle à calcul.

### *Mécanique* (45 heures).

1⁰ — *Statique*. — Force, poids ; masse ; inertie. Mesure des forces ; représentation graphique. Composition des forces concourantes, parallèles ; décomposition d'une force en forces concourantes ou parallèles.

Moments des forces ; couples de forces. Réduction de forces quelconques appliquées à un solide ; conditions générales d'équilibre. Centre de gravité ; théorème de Guldin.

2⁰ — *Cinématique*. — Mouvement uniforme ou varié, rectiligne ou curviligne, accélération, vitesse, hodographe ; étude géométrique et analytique ; diagrammes. Mouvement circulaire ; vitesse angulaire.

Notions générales de cinématique des solides — Mouvement de translation — Composition de deux mouvements de translation — Mouvement de rotation.

3⁰ — *Dynamique*. — Principes fondamentaux. Proportionnalité des forces constantes aux accélérations. Masse d'un corps. Quantité de mouvement. Impulsion. Formes diverses d'énergie : énergie cinétique et potentielle.

Equivalence mécanique de la chaleur et du travail. Travail d'une force constante ; sa représentation graphique.

Puissance, unité. Force vive ; théorème des forces vives application aux machines ; rendement.

Résistances passives ; frottements (étude expérimentale) ; coefficient de frottement ; réaction ; angle de frottement ; stabilité due au frottement (plan incliné, échelle) ; frein de Prony ; frottement de roulement.

4° — *Machines simples.* — Levier ; balance ; bascule ; poulie ; moufle, palan ; treuil ; chèvre ; grue ; cric ; plan incliné ; vis ; vérin ; coin.


*Géométrie descriptive et géométrie cotée* (90 heures).

1. — *Descriptive.* — Principe de la représentation du point, de la droite et du plan ; traces et intersections dans les cas simples.

2. — *Cotée.* — Représentation du point, de la droite et du plan ; problèmes sur le point et de la droite. Droites parallèles ; droites concourantes. Plans ; trace ; horizontales ; pente ; plan passant par trois points, par deux droites ; parallèles à deux droites ; plan de pente donnée sur un plan. Intersection de deux plans, d'une droite et d'un plan. Distance d'un point à une droite ; à un plan. Angle de 2 droites. Angle de deux plans.
Sections planes du cylindre, du cône et de la sphère.
Surfaces topographiques. Courbes de niveau ; col, croupe, thalweg.
Exercices variés sur plans cotés.


*Dessin théorique* (30 heures).

Mode de représentation des divers ouvrages des Travaux publics et du Bâtiment.
Cours d'ombres. Ombre propre et ombre portée, d'une droite, d'une surface géométrique, du prisme, du cône, du cylindre et de la sphère. Rendu — Pliage du dessin — Reproduction.
Constructions pratiques : arcs de cercle, ovales et anses de panier, ogives, volute, développante, diverses spirales, cycloïdes, coniques, hélice, sinusoïde, etc. . .
Cours de perspective.


*Croquis* (30 heures).

Croquis coté de détails d'ouvrages (Murs et portes, parapets, moulures diverses, corniches, cheminées, escaliers, balcons, menuiserie, etc. . .).

### *Dessin pratique* (45 heures).

Dessin d'ouvrages des Travaux publics et du Bâtiment (buses, ponts, barrages, écluses, bâtiments simples, etc. . .).

### *Cubature et métré* (45 heures).

Pentes, rampes et talus. Levé et report du profil en long, des profils en travers. Calcul des surfaces ; planimètre Amsler. Calcul du volume des terrassements, diverses méthodes ; tableaux.

Mouvement des terres ; formules de transport ou à la brouette, au camion, au tombereau, au wagonnet et au wagon. Méthode Lalanne. Méthode du mouvement par hectomètre. Méthode Bruckner ?

Avant-métré de ponceau et de bâtiment simple. Méthode de séparation des ouvrages ; tableau.

### *Pratique des travaux* (25 heures).

Matériaux de construction, pierre, terre cuite, ciment, chaux, sable ; propriétés, fabrication, qualités et défauts, résistance.

Mortier : dosage, qualités, fabrication.

Maçonneries ; diverses sortes, composition, fabrication. Recommandations spéciales sur le béton armé.

Bois de charpente ; essences ; qualités et défauts, conversation. Assemblages. Particularités sur la menuiserie.

Métaux ; sections, assemblages, rivets, boulons, couvre-joints.

### *Notions routes et ponts* (45 heures).

*Tracé de routes.* — Reconnaissance ; points obligés, points à éviter. Etude de détail ; alignements, courbes ; rayons minima ; déclivité maxima.

*Terrassements.* — Divers terrains, sondages ; procédés de fouille ; épuisements, déblais à la mine ; talus de remblai et de déblai ; exécution, protection et assainissement.

*Chaussées et abords.* — Empierrement et rechargements ; cylindrage ; Entretiens. Accotements ; fossés ; talus ; plantation, bornes kilométriques ; poteaux indicateurs ; bacs ; traversée des localités : caniveaux ; trottoirs ; égoûts.

*Ouvrages d'art.* — Ponts ; emplacement et débouché ; fondations ; batardeaux. Pieux en bois et en béton armé ; battage à la sonnette. Fondations à air comprimé. Radier. Culées et piles. Voûtes ; cintres.

Avant-bec ; murs. Quarts de cône. Perrés.

*Palées et tabliers en bois.* — . Ponts métalliques à poutres droites ; tabliers ; platelage ; appareils de dilatations.

*Ponts en béton armé.* — Généralités.

*Murs de soutènement.*

### Notions bâtiments civils (25 heures).

Matériaux divers, spéciaux aux bâtiments civils : Céramique ; briques, creuses, vernissées ; carreaux ; produits comprimés ; carreaux en ciment.

*Fondations.* — Charges de sécurité ; nature de la fondation ; empattements ; pieux ; pilots ; puits ; radiers.

*Maçonnerie.* — Echafaudages. Mortiers ; briques ; moellons ; pierres ; dimensions et appareils. Conduits de fumée, en brique ou en poterie. Légers ouvrages ; jointoiement, renformis, crépi, enduits de plancher, cloisons, plafonds, moulures, étaiements, cintres.

Fosse d'aisances ; tinettes ; fosses septiques. Arcs, voûtes, baie, refends, passages, portes diverses, fenêtres, balcons, escaliers de maçonnerie.

*Pavages et marbrerie.* — Céramique, linoléum, bordures de trottoirs ; trottoirs ; caniveaux ; pavage en brique. Revêtements en faïence, émaux, terre cuite, agglomérés, céramique, mosaïque. Dallage en ciment. Marbrerie ; cheminées ; foyers.

*Ciment armé.* — Cloisons ; murs ; réservoirs ; piliers ; poutres ; solives ; planchers, combles ; consoles ; voûtes ; les coffrages.

### Topographie générale (45 heures).

1. — *Théorie.* — Principaux organes des instruments : trépieds, nivelles, alidades, lunette, goniomètre, vernier, aiguille aimantée.

Accessoires ; balises, jalons, nivelettes mires.

Entretien des instruments.

Planimétrie. Mesure directe des distances. Instruments ; podomètre règles, mètre, chaîne, ruban. Opérations de chaînage.

Mesure indirecte des distances. Stadia. Lunettes stadimétriques. Mesures des angles. Planchette, graphomètre, pantomètre, cercle géodésique, cercle d'alignement, boussole, équerre d'arpenteur et à réflexion. Méthodes de la topographie. Canevas. Levé de détails.

Arpentage. Problèmes pratiques.

Nivellement simple et composé. Méthode. Instruments ; niveau d'eau, à pinnules, de maçon, à bulle d'air ; baromètre ; niveau à collimateur ; niveau d'Égault, niveau à balle indépendante. Réglage.

Niveau de pente. Problèmes pratiques.

2. — *Travaux pratiques.* — Levé de plans et nivellements simples.

### 3e année.

#### *Langue française* (45 heures).

Le professeur s'inspirera du programme de l'Enseignement secondaire franco-indigène (2e année). Quelques leçons seront consacrées à l'etude du rapport et de la rédaction technique.

#### *Notions de morale* (20 heures).

Programme de morale de l'Enseignement secondaire franco-indigène (2e année).

#### *Mathématiques* (45 heures).

Calcul des triangles avec les données topographiques.

Calcul de la triangulation de complétage du Service géographiques.

Eléments de géométrie analytique. La droite et le cercle.

Etude analytique des coniques.

Compléments sur la statique du corps solide libre et gêné.

Mouvement des projectiles dans le vide.

#### *Dessin pratique* (90 heures).

Mêmes travaux qu'en 2e année. Epures soignées de géométrie cotée.

#### *Métré Travaux publics* (25 heures).

Avant-métré de ponts et d'ouvrages d'irrigation.

#### *Métré bâtiments civils* (20 heures).

Avant-métré de bâtiments ordinaires.

#### *Notions Travaux publics* (90 heures).

1. — *Chemins de fer.* — Infrastructure. Alignements, courbes, rayons minima ; déclivité maxima ; grands terrassements et talus ;

assainissement ; ponts et viadues ; souterrains ; passages à niveau, inférieur et supérieur. Superstructure. Gabarits de voies ; rails et traverses. Raccordement parabolique ; devers ; croisements de voies ; aiguilles ; pont tournant ; triangle américain ; signaux.

2. — *Hydraulique.* — Pression dans un liquide. Ecoulement par divers orifices. (Ajutages, vannes, déversoirs). Jaugeage des cours d'eau ; écoulement dans les canaux.

Notions sur les irrigations. L'assèchement des terres. Les drainages Rivières et canaux. Régime des cours d'eau naturels — Défense des berges — Canaux de navigation — Dispositions générales — Ecluses.

3º — *Travaux maritimes.* — Vagues ; marées : ouvrages constitutifs des ports maritimes, Jetées ; digues ; bassins ; écluses à sas, appontements ; murs de quai.

Phares ; appareils d'éclairage et de balisage.

4. — *Résistance des matériaux.* — Résistance à l'extension ; à la compression, au cisaillement.

Coefficient d'élasticité ; limite d'élasticité ; charge de rupture ; charge de sécurité.

Forces élastiques. Appuis. Encastrement. Effort tranchant. Moment fléchissant. Cisaillement longitudinal.

Statique graphique. Polygone funiculaire.

5. — *Comptailité.* — Comptabilité du chef de subdivision ; carnet d'attachements ; sommier ; feuilles d'attachement ; mémoires ; état à la tâche.

*Notions Bâtiments civils* (30 heures).

*Charpente bois.* — Planchers en bois ; solives ; trémies. Protection des bois ; poids et surcharge. Pans de bois. Remplissage en briques.

Torchis. Escalier en bois. Charpentes de comble ; fermes ; arêtiers ; noucs ; pannes ; sablières ; différents combles.

*Charpente métallique* — Planchers en fer ; dispositions ; hourdis ; voutains ; poids. Assemblages, linteaux, poitrails, poutres et solives. Chaînages. Escaliers en fer. Ferme et combles métalliques.

*Couverture.* — Paillotte, tuile, ardoise, zinc, plomb, cuivre, tôle ondulée, ciment volcanique. Détails de couverture ; gouttières, chéneaux, tuyaux de descente.

*Menuiserie et ferrure.* — Portes, fenêtres et volets, persiennes, moulures, parquets. Bois de menuiserie.

*Plomberie*. — Service d'eau, colonnes montantes, branchements, robinets, filtres, siphons.

Evacuation des eaux et matières résiduaires.

*Chauffage, ventillation*. — Combustibles, cheminées, poëles, chauffage électrique, chauffage central. Ventilation.

*Peinture et vitrerie*. — Peinture, différents ouvrages, couleurs employées — Vitrerie ; qualité et emploi du verre. Encausticage et frottage des parquets. Remèdes contre l'humidité. Stores ; rideaux

*Electricité*. — Précautions générales, lumières, sonneries, téléphone — paratonnerres.

### Notions Cadastre (30 heures).

*Travaux de cabinet*. — ; Rédaction des rapports de délimitation, d'abornement, d'envoi en possession. Contestations intercommunales.

Délimitation. Croquisage. Tableaux indicatifs de la propriété ; tenue du registre d'immatriculation. Mutations foncières et enregistrement.

Conservation de la propriété foncière et mise à jour des plans.

Etablissement et délivrance des titres de propriété et des plans parcellaires destinés aux propriétaires.

*Droit civil français et droit indigène*. — Notions sommaires au point de vue de la législation foncière et des transactions en matières de propriété dans les divers pays de l'Indochine.

*Régime des concessions en Indochine*. — Concession de terrains urbains, de terrains ruraux, des mines.

*Impôt direct en Indochine*. — Autorités établissant les impôts.

*Comptabilité*. — Liquidation et ordonnancement des dépenses du cadastre.

*Fonctionnement des services techniques du Cadastre*. — Attributions du service ; vérification et contrôle des travaux de terrain. Conservation des archives et des plans. Relations avec les services locaux.

### Notions Service géographique (30 heures).

Organisation du service : sections d'astronomie et de géodésie, de cartographie, de photorestitution, de reproductions et tirages.

Constitution et administration des groupes géodésiques et brigades topographiques ; personnel auxiliaire ; relations de ces unités avec les autorités françaises et indigènes ; comptabilité des groupes et brigades ; rédaction de rapports techniques et autres.

Cartes établies par le Service géographique de l'Indochine, au 25.000c, au 100.000c, au 500.000c et au 1.000.000c. Segmentation et assemblage des feuilles ; signes conventionnels.

Procédés cartographiques divers ; minutes ; photographie et héliogravure ; zincographie ; impression. Ateliers.

### *Topographie Travaux publics* (45 heures).

1. — *Théorie.* — Nivellement de précision. Erreurs de sphéricité et de réfraction.

Compléments sur les instruments : cercles de goniomètres : boussole : mesure de bases ; stadimétrie.

Tachéométrie. Tachéomètre Sanguet. Erreurs dans les opérations. Moyens de les atténuer.

Opérations. Brigade. Reconnaissance du terrain. Étude du tracé. Piquetage. Levé d'ensemble et de détail.

Rapport de la polygonale en coordonnées polaires, en coordonnées rectangulaires. Plan coté.

Implantation d'un projet ; alignements ; courbes ; tangentes ; bissectrices.

2. — *Travaux pratiques.* — Levé de plans cotés détaillés. Croquis sur carnet ; rapport sur papier.

### *Topographie cadastrale* (25 heures).

Théorie élémentaire des erreurs ; Applications.

Théodolites ordinaires et à microscopes. Mesure des angles par répétition et réitération. Poids des observations. Topographie de précision. Plans cadastraux des terrains ruraux. Plans des centres urbains et villes. Partage des terres. Lotissement.

Emploi de la photographie aérienne pour les levés à grandes échelles et application au cadastre.

Détermination des surfaces parcellaires : méthodes graphiques, numériques, mécaniques.

Emploi général des coordonnées rectangulaires pour les opérations cadastrales.

Triangulation générale, triangulation cadastrale, triangulation subsidiaire, polygonation. Fermeture et compensation numériques des polygonations. Compensation des triangulations de 3ᵉ, 4ᵉ et 5ᵉ ordres (chaîne et réseau). Méthode du point approché. Méthode de Lehagre.

*Topographie et géodésie géographique* (25 heures).

1. — *Topographie*. — Application de la géométrie cotée au levé des cartes topographiques.

Triangulation topographique. Levés expédiés, semi-réguliers, réguliers, de reconnaissance, d'itinéraires.

Instruments : boussole Peigné, éclimètre, alidade nivelatrice, alidade holométrique. Tables de Montalant. Carnet de stations.

Préparation d'une mappe ; canevas géographique, report des points géodésiques ; mise en station.

Levés au 20.000ᵉ et au 80.000ᵉ. Planimétrie et nivellement ; figuré du terrain : terrains granitiques, gréseux, schisteux, calcaires indochinois. Mise au net des mappes.

Emploi des photographies aériennes, zénitales et obliques.

Revision des cartes topographiques.

2. — *Astronomie et géodésie*. — Notions succinctes sur les courbes et les surfaces ; sphère de courbure moyenne, lignes géodésiques.

Figure de la terre.

Etablissenent de la carte d'un pays : géodésie primordiale, chaînes méridiennes et parallèles ; choix et mesure de la base de départ.

Calcul des triangles du réseau primordial.

Triangulation de détail ; enchaînement du réseau du 1ᵉʳ ordre, fermeture sur les côtés primordiaux.

Points des 2ᵉ et 3ᵉ ordres.

Calcul et vérifications.

Nivellement géodésique ; réfraction ;

Travaux sur les terrains ; choix et établissement des stations d'observations ; stations à terre, sur arbre et sur pylône ; construction des signaux ; répérage des stations ; observations ; tenue d'un carnet de station, calculs.

Notions sur les systèmes de projections ; projections de Bonne, de Mercator, polyconique ; déformations métriques et angulaires ; coordonnées rectangulaires.

Approuvé pour être annexé
à l'arrêté en date de ce jour :

Hanoi, le 2 avril 1925.

*Le Gouverneur général de l'Indochine,*

M. MERLIN.

IMPRIMERIE
D'EXTRÊME-ORIENT
HANOI-HAIPHONG